어린이는 어른이 된다 시리즈 02

찰리는 영화감독 채플린이 될 거예요

어린이는 어른이 된다 시리즈 02
찰리는 영화감독 채플린이 될 거예요

초판 1쇄 2014년 7월 10일

글 베르나르 샹바즈 | 그림 페프 | 옮김 이정주
펴낸이 김영은 | 기획 정인진 | 영업 박하연 | 편집 박사례 | 디자인 최은선
펴낸곳 도서출판 책빛
출판등록 2007.11.2.제 406-000101호
주소 경기도 고양시 일산동구 무궁화로 7-63 1206
전화 070-7719-0104 | 팩스 031-918-0104
전자우편 booklight@naver.com
블로그 http:blog.naver.com/booklight
ISBN 978-89-6219-143-1 74990
ISBN 978-89-6219-141-7(세트)
*잘못된 책은 구입한 곳에서 바꾸어 드립니다.

PETIT CHARLIE DEVIENDRA CHARLOT
by Bernard CHAMBAZ and Pef
Copyright ⓒ Les Editions RUE DU MONDE, Paris, 2011
Korean Translation Copyright ⓒ Booklight Publishing Co., 2014
All rights reserved.

This Korean edition was published by arrangement with
Les Editions RUE DU MONDE (Paris)
through Hannèle Legras(Paris) and Bestun Korea Agency Co., Seoul

이 책의 한국어판 저작권은 베스툰 코리아 에이전시를 통해 저작권자와의 독점계약으로 (도서출판) 책빛에 있습니다.
저작권법에 의해 한국 내에서 보호를 받는 저작물이므로 무단전재와 무단복제를 금합니다.

「이 도서의 국립중앙도서관 출판예정도서목록(CIP)은 서지정보유통지원시스템 홈페이지(http://seoji.nl.go.kr)와
국가자료공동목록시스템(http://www.nl.go.kr/kolisnet)에서 이용하실 수 있습니다.(CIP제어번호: CIP2014019173)」

어린이는 어른이 된다 시리즈 02

찰리는 영화감독 채플린이 될 거예요

책빛

글 베로나르 샹바즈

1949년 프랑스 부르고뉴 빌랑쿠르에서 태어났어요. 소설가이자 시인이며, 대학에서 역사학을 공부했고 고등학교에서 역사를 가르쳤어요. 1997년에 쓴 첫 번째 소설, 〈생명의 나무〉로 프랑스에서 가장 권위있는 문학상인 '공쿠르 상'을 받았어요. 지은 책으로는 〈왕의 슬픔〉, 〈새들에게 용서를〉, 〈늦은 오후에 동물원 정원에서〉, 〈내 작은 노란색 자전거를 타고 프랑스 일주〉, 〈나는 빈 라덴이 아니에요〉, 〈이 여름 마르탱은〉이 있어요.

그림 페프

1939년 3월 20일 프랑스 생 장 데 비뉴에서 태어났어요. 이름은 피에르 엘리 페리에(Pierre Elie Ferrier)이고, 줄여서 페프(Pef)라고 해요. 기자, 잡지 편집자였다가 어린이를 위해 글을 쓰고 그림을 그리는 작가가 됐어요. 프랑스의 대표적인 그림책 작가로 150권이 넘는 책을 냈어요. 인종차별주의, 죽음, 폭력 등 심각한 주제를 따뜻한 유머로 그려내기로 유명해요. 〈난 시를 잃어버렸어〉, 〈학교의 보물은 우리야〉, 〈건강이 최고야!〉, 〈휠체어를 탄 꼬마 영화감독〉, 〈어느 날 밤 전쟁 기념탑에서〉 등에 그림을 그렸어요.

옮김 이정주

서울여자대학교와 같은 학교 대학원에서 불어불문학을 공부했어요. 방송과 출판 분야에서 전문 번역인으로 활동하며, 우리나라 어린이와 청소년에게 재미와 감동을 주는 프랑스 책을 직접 찾아서 소개해요. 옮긴 책으로는 〈심술쟁이 내 동생 싸게 팔아요!〉, 〈슈퍼 파워 코드〉, 〈마녀의 아들〉, 〈파자마 파티〉 등이 있어요.

차례

1. 어린 찰리가 무대에 섰어요 6
2. 찰리는 학교가 따분해요 14
3. 영화배우로 다시 태어난 찰리 22
4. 찰리 채플린의 눈리 35

　　작가 자료 수첩 46

1. 어린 찰리가 무대에 섰어요

찰스 채플린(찰리 채플린의 본명은 찰스 스펜서 채플린임)은 아버지와 이름이 똑같았어요. 사람들은 어린 찰스를 '찰리'라고 불렀어요. 찰리는 1889년 4월 16일 저녁 8시에 작은 정원이 있는 벽돌집에서 태어났어요.

찰리가 태어난 곳은 영국 런던에 있는 작은 동네 램버스예요. 예전에 사람들이 어린양들을 싣고 내리던 곳이었어요. 찰리 어머니는 키가 작고 몸이 약했지만, 아주 예뻤어요. 허리까지 오는 긴 머리에 보랏빛 눈동자가 매력적이었어요.

　어머니의 이름은 두 개였어요. 하나는 한나였고, 다른 하나는 릴리 할리라는 예명이었어요. 찰리 어머니는 릴리 할리라는 이름으로 극장에서 노래를 부르고 연기를 했어요. 찰리 아버지를 만난 곳도 극장이었어요.

　찰리 아버지, 찰스는 뮤직홀(술을 마시거나 간단한 음식을 먹으면서 노래, 춤, 마술, 곡예, 연극 등 다양한 연예 활동을 즐기는 공간)에서 일하는 유명 배우여서 얼굴이 그려진 악보도 있었고, 같이 이중창을 하자는 제안도 종종 받았답니다. 아버지는 감수성이 풍부하고 재미있는 사람이었어요. 공연이 끝나면 뮤직홀에 남아서 손님들과 술을 마시기도 했어요.

　찰리 아버지는 찰리가 한 살 때, 미국으로 순회공연을

떠났어요. 순회공연을 마친 아버지는 집으로 돌아오지 않았어요. 찰리 부모님은 헤어져서 각자의 삶을 살기로 했어요.

어머니는 찰리 아버지와 결혼하기 전에 이미 아들이 하나 있었어요. 그러니까 찰리에게는 아버지가 다른 형이 하나 있었지요. 찰리는 어머니와 네 살 많은 형 시드니와 함께 살았어요. 새로운 생활은 그럭저럭 괜찮았어요. 어머니는 노래를 해서 돈을 벌었고, 노래를 하지 못할 때는 삯바느질로 생계를 꾸려 갔어요.

풍요로운 살림은 아니었지만, 어머니는 산책을 나갈 때 찰리와 형에게 항상 말끔한 양복을 입혔어요. 가난에 찌들고 빈부 격차가 날로 심해지는 런던의 암울한 상황과는 전혀 상관이 없어 보였어요. 어머니는 잘 차려입은 두 아들을 데리고 자랑스럽게 길을 걸었어요.

찰리는 활활 타오르는 불꽃 속에서 미소 짓는 여자가 나오거나 날카로운 칼을 삼키는 남자 곡예사 공연 같은 새로운 구경거리를 보며 좋아했어요. 하지만 찰리의 소박한 행복은 그리 오래가지 않았어요.

노래를 하며 인기를 얻고 있던 찰리 어머니에게 불행이 찾아왔어요. 추운 겨울 공연장에서 때는 난방용 석탄 연기와 극장 손님들이 피워 대는 담배 연기 때문에 목소리가 상하고 말았거든요. 어머니는 목소리가 점점 나빠지는 데도 어린 자식들을 먹여 살리기 위해 보잘것없는 무대라도 가리지 않고 섰어요. 관객들은 그런 목소리를 참지 못하고 야유를 퍼부었어요.

찰리 어머니는 야유를 받고 눈물을 흘리는 날이 점점 많아졌어요. 자신의 이런 모습을 자식들에게 감추고 싶었지만 어린 찰리를 혼자 집에 두고 갈 수 없어서 일하는 곳에 데려갔어요.

그날도 어머니는 심한 야유를 받았어요. 그리고 관객들은 더 이상 어머니의 노래를 들으려 하지 않았어요. 하는 수 없이 어린 찰리가 어머니를 대신해서 무대에 올랐어요. 찰리는 준비도 없이 무대에 서게 됐어요. 얼떨결에 노래를 부르고, 천연덕스레 관객들을 웃겼지요. 동전이 무대 위로 빗발치듯이 쏟아졌어요. 찰리는 정신없이

동전을 주웠어요. 그리고 어머니에게 자랑스러운 얼굴로 동전을 갖다 드렸어요. 다음 날 저녁에도 무대에 섰어요. 찰리 손에 들어오는 동전이 점점 많아졌어요.

 하지만 공연을 하기에는 찰리가 너무 어렸고 어머니가 노래를 부를 수 있는 기회는 점점 줄어들었어요. 찰리네 집안 형편은 더욱 어려워졌고 이곳저곳 떠돌며 점점 더 작은 집으로 이사를 가야 했어요. 결국 차가운 낡은 침대와 식탁 하나가 전부인 단칸방에서 겨울을 나야 했어요.

어머니는 돈이 될 만한 것은 뭐든지 내다 팔았어요. 남은 건 무대 의상이 담긴 트렁크뿐이었어요. 어머니의 무대 의상 트렁크는 찰리에게는 선물과 같았어요. 왜냐하면 어머니는 무대 의상과 가발을 꺼내 분장을 하고 아들에게 재미난 연극을 보여 줬거든요. 어머니는 인물에 맞게 목소리를 바꿔 가며 연기했어요. 몇 시간씩 창밖을 내다보며 거리를 오가는 사람들을 관찰한 뒤 그들의 삶을 지어내 찰리를 즐겁게 해 주었어요.

찰리 어머니는 마임(대사 없이 표정과 몸짓만으로 내용을 전달하는 연극으로, 무언극이라고도 함)을 아주 잘했어요. 찰리는 어머니의 재능을 물려받았어요. 어머니는 어려운 생활 속에서도 찰리가 흐트러짐 없이 자라도록 최선을 다했어요. 가벼운 산책을 나갈 때도 찰리에게 옷을 갖춰 입혔고 기품 있는 태도로 말하는 법을 가르쳐 주었지요.

2. 찰리는 학교가 따분해요

    찰리 어머니는 항상 편두통에 시달렸어요. 결국 어머니는 몸져누워 아무 일도 할 수 없게 되었어요. 먹을 것이 다 떨어지자 찰리네 가족은 램버스 빈민 구호소에 갈 수밖에 없었지요.

    찰리와 형은 고아와 길에 버려진 아이들이 다니는 기숙사 학교에 보내졌어요. 여섯 살밖에 안 된 찰리는 두 달 동안 어머니와 떨어져 지냈어요. 일요일에만 형과 같이 빈민 구호소에 가서 어머니를 만날 수 있었어요. 그

날은 가족 모두에게 행복한 시간이었어요. 찰리와 형은 버찌와 청어를 먹고 신문지를 둥글게 말아 끈으로 묶어 만든 공을 차고 놀았어요. 어머니는 슬픈 눈으로 신 나게 뛰어노는 아이들을 바라보았어요.

그해 가을, 찰리는 학교에서 읽기와 쓰기를 배웠어요. 드디어 찰리는 자신의 이름, '찰리 채플린'을 쓸 줄 알게 됐어요. 찰리는 왼손잡이인데, 학교에서는 오른손으로 글씨를 쓰라고 강요했어요. 하지만 찰리는 어른이 되어서도 항상 왼손으로 바이올린을 연주해요!

학교 사감 선생님은 찰리가 가벼운 장난만 쳐도 몽둥이로 인정사정없이 엉덩이를 때렸어요. 어떤 날은 머릿니가 있다며 찰리의 머리를 박박 밀었어요. 찰리는 일요일마다 두 줄로 길게 서서 학교 밖으로 행진을 나가는 걸 싫어했어요. 학생들을 마치 범죄자인 양 바라보는 농부들의 눈빛이 너무 싫기 때문이었어요.

학교 식당에서 당번으로 일하는 형은 버터를 듬뿍 바

른 빵 조각을 몰래몰래 찰리에게 챙겨 줬어요. 이보다 더 맛있는 건 없었어요. 찰리는 키가 크지 않고, 살도 찌지 않았어요. 또래 남자애들의 평균 키보다 8센티미터가 작고, 몸무게는 12킬로그램이나가 덜 나갔어요. 형은 찰리가 아프기라도 하면 크게 걱정했어요. 당시에는 가난한 아이들이 보통 아이들이 병으로 죽는 것보다 두 배나 더 많이 죽었거든요.

몸과 마음이 점점 쇠약해진 찰리 어머니는 정신이 아파서 정신 병원에 입원하게 됐어요. 이제 찰리와 형은 어쩔 수 없이 찰리 아버지와 살아야 했지요. 주중에는 학교에 가고, 토요일에는 마룻바닥을 닦고 은 식기를 닦아야 했어요.

찰리는 저녁마다 아버지가 공연하러 극장에 가기 전에 포트와인(포르투갈 와인)에다 날달걀 여섯 개를 넣어 마시는 걸 봤어요. 찰리는 아버지랑 사는 여자가 싫었어요. 그 여자도 찰리 형제를 멸시하고 학대했어요. 찰리와 형은 집을 나와 떠돌이처럼 길에서 잤어요. 그러면 아버지가 찾아와 집으로 데리고 갔어요.

다행히도 어머니의 병세가 나아져서 찰리와 형은 다시 어머니와 함께 살 수 있게 됐어요. 새로 얻은 집은 시큼한 냄새가 나는 피클 공장과 높은 벽으로 둘러싸인 도살장 근처에 있었어요. 어머니는 창가에 앉아 밖을 내다보는 것을 좋아했어요. 찰리도 어머니처럼 창가에 앉아 밖을 내다보기를 좋아했어요.

하루는 도살장으로 끌려가는 양 한 마리가 무리에서 빠져나온 것을 봤어요. 양은 자기를 잡으려는 도살업자의 손을 피해 요리조리 도망쳤지요. 도살업자 한 명은 비틀거리고, 다른 한 명은 땅바닥에 넘어져 구경꾼들이 와르르 웃음을 터뜨렸어요. 한바탕 법석을 떨었지만, 결국 양은 잡혔어요. 찰리는 눈물이 핑 돌았어요. 희극과 비극이 교차되는 광경에 충격을 받았어요. 기쁨과 슬픔이

뒤섞일 수 있다는 걸 깨달았어요.

　찰리는 학교에서 보내는 하루가 너무 지루했어요. 찰리는 수업 시간에 교재로 사용하는 지도가 흥미진진한 소설의 삽화가 들어 있는 지도였으면 좋겠고, 어름어름 시를 외우게 하기보다 시의 음악적인 요소를 잘 가르쳐 주면 좋겠다고 생각했어요.

그렇게 따분하게 나날을 보내던 찰리는 어머니가 가르쳐 준 '프리실라 양의 고양이'를 반마다 돌아다니며 외울 기회를 얻었어요. 시를 재미나게 낭독해 교실은 한바탕 웃음바다가 됐지요. 찰리는 뿌듯했어요. 이 경험으로 찰리는 무대에 서고 싶은 마음을 더욱 간절하게 갖게 되었어요.

찰리는 사람들 앞에서 공연할 때 행복했어요. 찰리의 이런 성격은 부모님한테 물려받았어요. 친구들 앞에서 시 낭송을 하면서 무대에 서고 싶다는 생각이 더욱더 강렬해졌어요.

3. 영화배우로 다시 태어난 찰리

 찰리는 아버지 덕분에 클로그 댄스(나막신을 신고 추는 아일랜드 댄스) 극단에 들어갔어요. 학교는 미련 없이 관뒀지요. 극단의 이름은 '여덟 명의 랭커셔 소년들'이었어요.
 이 극단은 하루 저녁에 런던의 뮤직홀 두세 곳에서 공연을 했어요. 지방에도 순회공연을 갔어요. 소년들은 나막신을 신고 춤을 췄어요. 찰리는 여덟 번째 단원이고, 여덟 살이고, 하루에 여덟 시간 넘게 춤을 추었어요. 단원 중에는 머리를 짧게 자른 여자애도 있었는데, 연출가

잭슨 씨의 딸이었어요.

　찰리는 극단에서 먹고 잤어요. 공연해서 번 돈은 어머니에게 고스란히 보냈지요. 크리스마스 때 당시 런던에서 최신식 극장으로 손꼽히는 히포드롬 극장에도 섰어요.

　찰리는 고양이 역을 맡아 엉뚱한 연기로 관객들을 웃

겼어요. 같이 무대에 섰던 프랑스 출신의 유명한 어릿광대 배우, 마르슬랭을 보고 흉내를 내기도 했어요. 공연을 하면서 찰리는 다양한 배우들을 만났어요.

　그중에서 찰리에게 가장 깊은 인상을 남긴 사람은 떠돌이 곡예사이자 희극 배우인 자르모였어요. 자르모는 몇 시간씩 쉬지 않고 묘기를 연습했어요. 자르모는 턱에 당구채를 올려놓고 균형을 잡는 것으로 시작해요. 여기까지는 쉬워요. 그리고 나서 당구공을 위로 던져요. 여기까지도 쉬워요. 그다음 던진 당구공을 당구채 끝에 올려놓아요. 이건 진짜 쉽지 않아요. 이어서 두 번째 당구공을 위로 던져서 첫 번째 당구공 위에 올려요. 찰리

는 눈으로 보면서도 믿을 수 없었어요!

  찰리는 찰스 디킨스 소설을 각색한 연극에 출연한 배우도 만났어요. 그 배우가 이야기해 준 찰스 디킨스 소설은 무척 재미있었어요. 그래서 〈올리버 트위스트〉를 사서 읽기도 했어요. 찰리는 떠돌이 고아, '올리버 트위스트'가 어려운 환경에 굴하지 않고 정의롭게 사는 모습이 무척 마음에 들었어요.

  연극에 대한 것을 하나하나 배워 가던 찰리에게 청천벽력 같은 일이 생겼어요. 천식 기침이 심해져 '여덟 명의 랭커셔 소년들' 극단을 나와 어머니 집으로 돌아가야 했기 때문이에요. 당시 사람들은 기침을 심하게 하면 폐병에 걸렸다고 생각하고 두려워했거든요. 찰리는 심한 기침 때문에 제대로 숨을 쉬지 못할 정도로 아파서 더는 돈을 벌 수 없었어요.

  어머니는 매달 돈을 내고 재봉틀을 빌려 바느질 일을 했는데 이제 재봉틀 임대료를 낼 수 없게 되자 재봉틀을 주인이 가져가 버렸어요. 찰리 어머니도 더 이상 돈을 벌 수 없었어요. 찰리네 가족은 거지나 다름없게 되었어요.

　찰리가 살던 케닝턴 거리는 뮤직홀의 인기 배우들이 사는 으리으리한 저택과 인기 없는 삼류 배우들이 사는 초라한 집들이 한데 모여 있었어요. 찰리는 한껏 차려입은 배우들이 선술집 앞에서 잡담을 나누다가 조랑말이 끄는 사륜마차를 타고 가는 게 참 멋있어 보였어요. 어린 찰리 눈에는 태양이 구름 뒤로 사라지는 것처럼 느껴졌어요.

　하루는 선술집 앞을 지나다가 아버지를 봤어요. 찰리는 문을 열고 들어갔어요. 아버지는 찰리를 보자마자, 품에 안으며 뽀뽀를 했어요. 처음 있는 일이었어요. 찰리는 아버지의 이런 행동이 낯설었지만 기분이 무척 좋았어요.
　그로부터 3주 뒤, 아버지가 갑자기 돌아가셨어요. 이

슬비가 내리는 장례식장에서 찰리는 어머니의 손을 꼭 잡았어요. 어머니는 예쁜 화관을 사서 남편 관 위에 놓고 싶었지만 화관을 살 돈이 없었어요. 그 대신 찰리의 손수건을 관 위에 올려놓았어요.

그날 저녁, 찰리네 집에는 값싼 올리브유 한 그릇을 빼면, 먹을 게 아무것도 없었어요. 어머니는 행상인에게 낡은 석유난로를 팔아 빵을 샀어요. 찰리네 가족은 올리브유에 빵을 찍어 먹었어요.

다음 날부터 찰리는 몇 주 동안 팔에 검은 천을 두르고 다녔어요.

사람들은 그 모습을 보고 부모님 중 한 분이 돌아가셨다며 찰리를 불쌍하게 여겼어요. 찰리는 음식을 조금이라도

마련하기 위해 꽃을 팔았어요. 검은 천을 팔에 찬 찰리는 사람들의 동정심을 얻어 몇 배 비싸게 꽃을 팔 수 있었어요. 찰리는 어머니에게 들켜서 혼나고 나서야 이런 잘못된 돈벌이를 그만두었어요.

찰리는 열두 살 때부터 온갖 허드렛일을 했어요.
잡화점 심부름꾼(물건을 옮길 때마다 몰래 사탕을 먹을 수 있었어요.), 청소부(키가 너무 작아서 유리창을 닦을 수가 없어 금방 해고당했어요.), 어린 마부(귀부인들의 사랑을 독차지했어요.), 서점 직원(책 더미 속에서 상상하기를 즐겼어요.), 인쇄소 직원(인쇄기보다 키가 작았지만, 인쇄기 돌리는 법을 익혔어요.), 유리 부는 직공(유리를 잘 불지 못해서 하루를 채 넘기지 못했어요.), 나막신을 신고 춤을 추는 클로그 댄스 강사(나막

신을 신지 않고 가르칠 때도 있었어요.), 이발사 조수(손님이 앉는 의자를 쓸고 닦았어요.), 넝마주이(어머니 옷이 남아 있었다면, 그것도 몽땅 다 팔았을지 몰라요.)를 했어요.

때로는 떠돌이 장난감 제작자들을 따라다니면서 돈을 들이지 않고도 돈을 벌 수 있을 것 같아서 낡은 구두 상자, 코르크 찌꺼기, 풀, 색종이, 반짝이와 가는 끈을 이용해 장난감 배 만드는 법을 익혔어요.

찰리 어머니는 정신병이 재발해 정신 병원에 다시 입원했어요. 집에는 찰리와 형만 남았지요. 찰리가 먹는 거라고는 빵 조각 몇 개, 딱딱한 치즈 껍질, 채소 가게 아저씨가 가끔 주는 양파가 전부였어요. 다행히도 대형 여

　객선에서 나팔을 부는 형이 늦지 않게 돌아왔어요. 형이 돌아오면 잔칫집이 되었어요! 형이 배에서 훈제 청어와 대구, 빵을 챙겨 와 배불리 먹을 수 있었어요.

　열네 살이 된 찰리는 용기를 내어 연극 오디션을 봤어요. '셜록 홈스'에서 배역을 따내 어린 나이에도 불구하고 관객들의 관심을 받을 만한 연기를 펼쳤어요. 어려운 환경 속에서도 자신의 재능을 꿋꿋하게 펼쳐 나가며 찰리는 점점 어른이 되어 갔어요.

열일곱 살이 된 찰리는 '페이시코트 서커스단'에 들어갔어요. 여기서 공연하면서 익살스러운 동작 하나를 만들었어요. 그것은 나중에 지팡이, 중산모(모자 꼭대기가 높고 둥근 모양)와 함께 떠돌이 찰리 채플린을 잘 보여 주는 유명한 동작이 되었어요. 다리 하나를 옆으로 들어 올리고, 다른 다리를 축으로 삼아 직각으로 몸의 방향을 바꾸는 거지요.

그리고 시드니 형과 함께 당시 영국에서 최고 인기 극단을 이끌던 카노와 계약을 맺었어요. 카노는 수백 명의 배우를 거느린, 영국에서 가장 유명한 유랑 극단 '웃음공장'의 사장이었어요. 찰리는 탁월

한 재능을 발휘하며 미국 순회공연을 가게 되었어요. 찰리 아버지가 미국 순회공연을 떠났던 것처럼요.

　미국에서 순회공연을 하던 중, 찰리는 영화배우가 될

기회를 얻었어요. 뛰어난 연기력이 미국 영화 제작자 눈에 띄었던 거예요.

찰리가 1889년 4월에 런던에서 태어났다면, 채플린은 1914년 2월에 로스앤젤레스에서 태어났어요. 찰리의 탄생은 영화 스튜디오 분장실에서 일어났어요. 자신을 엄청난 출세의 길로 들어서게 할 우스꽝스러운 분장을 단 2분 만에 생각해 냈지요.

헐렁한 바지, 큼지막한 구두(찰리는 발이 작아서 보통 크기의 구두만 신어도 엄청 컸어요.), 짧은 콧수염, 중산모, 대나무 지팡이! 우리가 알고 있는 찰리 채플린이 탄생한 거예요. 천재적인 채플린은 모두에게 기억될 새로운 캐릭터 '떠돌이 찰리 채플린'을 만들었어요.

4. 찰리 채플린의 승리

　영화 속 채플린은 떠돌이이자 신사이고 시인이었어요. 걸핏하면 경찰이나 뚱뚱한 졸부의 엉덩이를 걷어차면서 관객들을 웃기면서도 감동을 선사했어요. 채플린은 결코 포기할 줄 모르는 끝없는 에너지를 가졌어요. 누구에게나 웃음을 주는 익살스러운 연기를 뽐냈지요. 대중들은 열광했고, 다른 배우들까지 채플린을 인정했어요.
　제1차 세계 대전이 계속된 4년 동안 찰리 채플린은 아주 유명해졌고, 어마어마한 부자가 됐어요. 할리우드에

엄청나게 큰 스튜디오를 짓고, 삼십 년간 영화 제작에 몰두했어요.

채플린은 무성 영화에서 시작해서 유성 영화에 이르기까지 많은 영화를 제작하고 직접 출연했어요.

〈**챔피언**〉은 찰리 채플린의 첫 번째 작품이에요. 20분짜리 영화로 웃음을 주는 권투 경기로 끝이 나요.

〈**개의 삶**〉은 가난한 사람들의 고단함과 어떻게 해서든지 살아남으려는 투쟁이 익살스럽게 보이지요.

〈**어깨총**〉은 혼란스러운 전쟁터가 배경이에요. 익살꾼 채플린은 치즈를 가는 강판을 갖춘 군복을 입

은 병사로 나와요. 강판은 머리를 긁는 데 쓰지요. 모든 사람이 기억하는 명장면은 장교가 찰리 채플린에게 무기를 다루고 군인답게 걷는 법을 가르치지만, 찰리 채플린은 뒤뚱뒤뚱 오리걸음을 걷는 장면이에요.

〈키드〉는 웃기면서도 슬픈 영화예요. 버려진 아이를 채플린이 데려와서 키우는 이야기지요. 채플린은 〈키드〉를 만들기 몇 년 전에 갓 태

어난 아들을 잃은 슬픔을 겪었어요. 이 영화에서 채플린은 어린 시절에는 그토록 그리워했고, 채플린 스스로도 여전히 되지 못한 다정한 아버지 역을 연기했어요. 이야기는 결말이 행복한 '해피엔딩'으로 끝나요.

〈황금광 시대〉에서 찰리 채플린은 황금을 찾아 나선 사람으로 나와요. 이 영화에서 가장 유명한 장면은 채플린이 낡아 빠진 헌 구두를 끓여서 닭고기를 자르듯이 잘라서 먹고, 뼈다귀인 양 못을 쪽쪽 빨고, 구두끈을 스파게티처럼 먹는 장면이에요.

영화를 본 사람들은 채플린이 진짜 구두를 먹는다며 깜짝 놀랐어요. 그런데 사실은 감초로 구두 모양을 만들어 먹을 수 있었던 거예요. 채플린은 만족스러운 장면이 나올 때까지 족히 스무 켤레를 먹었어요.

작은 빵들이 춤추는 장면도 아주 유명해요. 12월 31일 저녁, 새해를 기다리는 파티에서 초대한 손님들이 오지 않는 장면은 관객들의 가슴을 졸이게 만들었어요.

〈서커스〉는 채플린이 좋아하는 주제인 웃음과 슬픔을 다룬 영화예요. 영화에서 채플린은 본의 아니게 웃겨서 극장 사장의 마음에 들어 고용되는데, 더 이상 웃기지를 못해요. 흘러내리는 바지춤을 움켜쥐고서 까치발로 천막 구멍으로 예쁜 여자 곡예사를 훔쳐보는 채플린의 뒷모습과 서커스장이 있던 자리 가운데 채플린이 상자에 오도카니 앉아 있는 마지막 장면이 인상적이에요.

〈모던 타임스〉는 생산이 줄어들어 실업자가 대량 발생했던 1930년대 경제 대공황 식후에 상영됐어요. 채플린은 대량 생산 공장에서 일하는 노동자로 나와요. 벨트 컨베이어에서 나사를 죄는데, 똑같은 동작을 반복하다 결국 기계 속으로 빨려 들어가 버려요. 영화 속 채플린도 결국 실업자가 되고 말아요. 이 영화가 할리우드의 마지막 무성 영화예요.

〈위대한 독재자〉는 제2차 세계 대전 초기인 1940년에

나왔어요. 채플린은 유대인을 잔인하게 학살한 히틀러와 똑같은 콧수염을 붙이고 연기해요. 지구본을 공기를 넣은 공처럼 갖고 놀고, 버럭버럭 소리를 지르지요.

　　영화 마지막 부분에서 인류애와 세계 평화를 강조하는 긴 연설을 해요. 히틀러와 나치 독일을 풍자한 이 영화는 채플린이 최초로 만든 유성 영화예요.

　〈라임라이트〉는 채플린이 미국에서 촬영한 마지막 영화예요. 전쟁을 반대한 채플린은 공산주의자로 몰려 미국에서 더 이상 살 수 없게 되었거든요. 이 영화의 이야기는 채플린이 어린 시절에 공연했던 런던의 어느 극장에서 시작돼요. 당시 예순세 살이었던 채플린은 한물간

늙은 광대 역을 맡았어요. 마지막 공연을 끝낸 뒤 쓸쓸히 죽어 가는 명연기를 보여 줍니다.

 십 년 뒤, 채플린은 〈키드〉에서 귀여운 꼬마를 연기했던 재키 쿠건을 다시 만났어요. 대머리에 배불뚝이가 됐지만, 채플린은 변해 버린 재키 쿠건을 한눈에 알아봤지요.
 〈키드〉에서 어머니 역을 맡았던 에드나는 죽기 직전에 채플린에게 마지막 편지를 보냈어요. 에드나는 병을 앓았지만 여전히 낙천적이었어요. 어쩌면 낙천적인 척했을지도 몰라요. 에드나는 편지에서 채플린에게 재미있는 이야기를 들려줬어요.
 브로드웨이 모퉁이에서 우두커니 서서 종이를 갈기갈기 찢어 날리는 남자 이야기였어요. 지나가던 경찰이 뭐

하냐고 묻자, 남자는 코끼리가 오지 못하게 막는 중이라고 대답했어요. 경찰이 브로드웨이에는 코끼리가 없다고 대꾸하자, 남자는 이렇게 대답했대요.

"역시, 종이 날리기는 효과가 있군요. 이것 덕분에 코끼리가 더는 오지 않는 거라고요. 제대로 먹혔잖아요!"

채플린은 스위스에 정착해 호수와 산을 바라보며 노년을 보냈어요. 휠체어를 타고 나온 마지막 나들이에서 최후의 서커스 공연을 했어요.

여든여덟 살이 된 채플린은 서서히 죽음을 준비했어요. 크리스마스 날이었어요. 채플린은 어린 시절 너무 가난해서 오히려 쓸쓸함을 더 많이 느꼈던 날이라 크리스마스가 싫었어요.
하지만 이제는 아니에요. 산타클로스를 기다리는 채플린의 손자들을 바라보는 즐거움이 큰 날로 바뀌었거든요. 기대에 찬 눈으로 알록달록한 포장지를 뜯는 손자

들을 흐뭇하게 바라봤어요. 1977년 12월 25일, 그날이 채플린에게는 마지막 크리스마스였어요. 캄캄한 밤, 자는 중에 세상을 떠났어요.

　채플린은 자신에게 다가올 죽음은 알아챘지만 자신의 관이 도둑맞으리라는 것은 꿈에도 몰랐을 거예요. 채플린의 관을 훔친 도둑들은 유족들에게 어마어마한 돈을 요구했지만, 곧 경찰에게 체포되고 말았어요. 도둑들은 그 돈으로 그뤼에르 치즈(스위스의 대표적인 치즈로 작은 구멍이 숭숭 난 치즈)도 사 먹고 자동차 정비 공장을 열려고 했다고 자백했답니다.

  채플린이 영화처럼 어처구니없는 이 사건을 알았다면 영화 속 채플린이 그랬던 것처럼 천진난만한 미소를 지었을 거예요!

찰리 채플린

작가 자료 수첩

〈키드〉, 1921년

〈서커스〉, 1928년

48　찰리는 영화감독 채플린이 될 거예요

〈어깨총〉, 1918년

언제나 찰리 채플린의 작품 속에는
어린 시절에 관한 추억의 단편들이 들어 있어요.
위 사진은 〈위대한 독재자(1940년)〉에서
가짜 히틀러 역을 맡은 채플린이 아기를 안았어요.

〈키드 (1921년)〉에서는 버려진 아이의 이야기가
유모차를 두고 오해하는 상황에서 시작돼요.

1982년 찰리 채플린의 동상 개막식에서 백 명의 어린이가 찰리 채플린으로 변장했어요.

〈모던 타임스〉, 1963년
촬영을 위해 제작한 거대한 기계

채플린이 1977년 죽음을 맞이하기 전까지 25년 동안 산 스위스 브베에서 찰리 채플린에 대한 오마주로 〈모던 타임스〉와 〈황금광 시대〉에서 따온 장면을 거대한 벽화로 그렸어요.

찰리 채플린이 〈홍콩에서 온 백작 부인〉에서 열연한 소피아 로렌과 함께
자신의 77번째 생일을 축하해요
〈홍콩에서 온 백작 부인〉은 찰리 채플린의 81번째 영화지만, 첫 번째 컬러 영화였어요

어린이는 어른이 된다 시리즈

세계를 이끈 천재들의 재미난 꼬맹이 어린 시절 이야기.
어린이가 자라서 어른이 된다!

파블로는 화가 피카소가 될 거예요 01
글 카림 르수니 드미뉴 | 그림 자우 | 옮김 이정주
값 11,000원

소년 파블로는 피카소가 될 거예요.
연필을 쥐는 법을 알게 된 그날부터 어린 파블로는 온종일 그림만 그렸어요.
학교 공부는 질색이에요. 다행히도 파블로 부모님은 아들의 천재성을 알아봤어요.
공부는 별로지만 그림 실력이 대단했거든요!
파블로 피카소는 바르셀로나, 마드리드, 파리를 오가며
자유롭게 자라서 20세기의 가장 뛰어난 화가가 돼요.

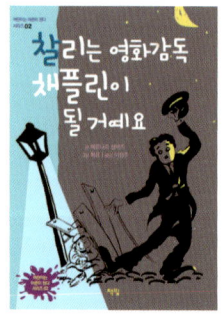

찰리는 영화감독 채플린이 될 거예요 02
글 베르나르 샹바즈 | 그림 페프 | 옮김 이정주
값 11,000원

어린 찰리는 런던의 뒷골목에서 배고픈 삶을 살았어요.
무대에서 여덟 살부터 공연했지만, 한 푼도 못 벌 때가 많았어요.
그래도 무대에서 살아갈 희망을 봤어요.
클로그 댄스, 마임, 영화. 찰리는 타고난 배우였어요.
전 세계가 채플린의 천재성에 열광했지요.
하지만 영화감독이 된 찰리 채플린은 가난한 소년이었던
어린 시절을 결코 잊지 않았어요.